Jürgen Fliege

Lebensweisheiten für jeden Tag

Jürgen Fliege

Lebensweisheiten für jeden Tag

Mein Meditationsbuch

Gondrom

Bildnachweis:
Harald Liefke: Seite 2, 9, 11, 19, 21, 31, 33, 37, 43, 49, 53, 55, 61, 69, 71, 73, 81, 83, 107, 113, 117, 119, 131, 137, 141
Gerhard & Traudl Schmidt: Seite 45, 101, 121, 139
Janos Selmeczi-Toth: Seite 13, 15, 27, 47, 59, 67, 77, 89, 93, 95, 97, 99, 103, 105, 109, 111, 115, 123, 125, 135
Steffen Thost: Seite 17, 25, 39, 41, 51, 65, 85
Gaylord Sky Worell: Seite 23, 29, 35, 57, 63, 75, 79, 87, 91, 127, 129, 133, 143
Umschlagfoto: Ingrid Grossmann

Sonderausgabe für Gondrom Verlag GmbH, Bindlach

Lektorat: Bücherwerkstatt Peter Bramböck, München-Riem
Satz und Gestaltung: Vollnhals Fotosatz, Mühlhausen/Ndb.
ISBN 3 8112-2020-9

Auf diese Gedanken gebe ich Acht

Vorwort

Da kommt man als kleines Menschenkind auf diese komplizierte Welt. Und da sind gerade mal für ein paar frühe Jahre eine Mutter, ein Vater, eine Familie, ein Lehrer vielleicht und ein Pfarrer. Und die sollen und wollen einem kleinen Menschen beibringen, wie man mit dem großen Abenteuer Leben fertig werden soll. Das reicht nie! Das geht nie gut! Erst recht nicht, seit die große weite Welt sich so geöffnet hat. Und um wirklich erwachsen zu werden, muss schließlich jeder in die Welt hinaus. Doch die sieht immer anders aus, als Vater oder Mutter sie je gesehen haben. Wir kommen eben ohne Reifeprüfung auf die Welt.

Abraham, der Stammvater unserer jüdischen, christlichen und muslimischen Religion, hörte daher vor Zeiten die Stimme des Lebens, die er Gott nannte. Die riet ihm mit großer Bestimmtheit, Vater und Mutter, Freunde und Familie, seine ganze Heimat hinter sich zu lassen, wenn aus ihm was werden solle. Und die alten Rabbiner, die weisen Ausleger der Thora, in der diese Geschichte steht, deuteten das so: Abraham soll Vater und Mutter verlassen, weil die beiden eben nur die Weisheit von einem Vater und einer Mutter haben. Aber es gibt viele andere Mütter und Väter im Leben eines Menschen. Wer nicht irgendwann loszieht, auch diese kennen zu lernen, wird das Leben nicht kennen lernen.

Genauso gibt es viele Brüder und Schwestern, Freunde und Freundinnen zu Hause. Aber auch sie haben nur die Liebe und den Rat ihres kleinen, beschränkten Lebens. Die Brüder und Schwestern in der Fremde aber wissen ein anderes Wissen. Wer sie nicht irgendwann kennen lernt, wird wohl ein enges Leben führen. Das habe ich mir hinter die Ohren geschrieben.

Heutzutage muss ein Mensch nicht mehr unbedingt wie Abraham seine Heimat verlassen, um die Geheimnisse des Lebens kennen zu lernen. Das Wissen der Meister, Lehrer und Lehrerinnen aller Zeiten steht uns in Büchern zur Verfügung. Aber auch da muss man losgehen, um es zu finden. Spruch für Spruch, Wissen für Wissen! Und manchmal wird man sogar das Gefühl nicht los, eine Weisheit hat da jahrelang zwischen zwei Buchdeckeln auf den Augenblick gewartet, in dem man sie entdeckt und sie mich. Merkwürdig!

Dann und wann muss man beim Lesen sogar ein wenig mutig sein, die eigene Weltanschauung und Religion hinter sich zu lassen. Sie ist zu eng, um das ganze Leben fassen zu können. Das Leben ist größer.

Und endlich macht man eine Entdeckung: Es sind nicht immer die großen Ideologien und die alten, ehrwürdigen Religionssysteme, die einem Menschen den Weg weisen. Es sind die kurzen Sätze, die Sprüche, die Weisheiten, die schon König Salomo als seine Medizin des Herzens und der Seele sammelte und die unmittelbar einleuchten. Sie kommen ohne die Autorität des Meisters aus und wirken doch.

Solche Spruchweisheiten und Sinnsprüche habe ich gesammelt, wo immer ich sie finden konnte. Sie sind sozusagen ein Stück eigener Hausapotheke des Herzens. Einige sind darunter, die sofort wirken, andere muss man kauen, um ihre Süße und ihre Kraft zu schmecken. Und wieder andere lässt man ruhig einmal liegen. Manchmal muss man auf einen anderen Tag warten, an dem man erneut auf sie zugehen kann. Und auf einmal reden sie dann. Nichts anderes meint das große Wort von der Meditation: Sie sollten so lange um eine Sache herumgehen, bis Sie an die Stelle kommen, wo Ihr Herz schlägt, weil es auf einmal Einlass findet.

Alle Weisheit allerdings führt Sie zu einem merkwürdig ähnlichen Punkt im Leben von uns Menschen: Jede wirkliche Weisheit will Sie wecken. Jede tiefe Weisheit will Ihre Aufmerksamkeit erhöhen. Doch nur dem Wachen kann sich das Leben wirklich zeigen. Weisheit kommt deshalb sehr leise daher. Denn wer leise ist, bekommt mehr mit.

Und darum gilt auch hier:

Passen Sie gut auf sich auf

[illegible]

Gedanken, die meine Liebe ausdrücken

Wer etwas Eigenes haben will,
verliert das Gemeinsame.

Thomas a Kempis

Die Liebe lebt von liebenswürdigen Kleinigkeiten.

Theodor Fontane

Es muss von Herzen gehen,
was auf Herzen wirken soll.

Johann Wolfgang von Goethe

Die Hand der Liebenden
reicht über die Berge.

Aus Arabien

Die Liebe ist ein Stoff, den die Natur gemacht
und die Phantasie bestickt hat.

Voltaire

Liebe ist nur dann von Dauer,
wenn die Liebenden mehr Gemeinsamkeiten
haben als die gegenseitige Zuneigung.

Walter Lippmann

Was aus Liebe getan wird,
geschieht immer jenseits von Gut und Böse.

Friedrich Nietzsche

Echte Liebe schenkt tausendmal mehr Wonnen
als die flüchtigen Leidenschaften, die wir erregen.

Honoré de Balzac

Gott gab seiner Schöpfung nur einen
einzigen Pfeiler: Liebe.

Carmen Sylva

Die Liebe überwindet alles,
und wir beugen uns vor ihrer Macht.

Vergil

Die Liebe ist der Endzweck der Weltgeschichte, das Amen des Universums.

Novalis

Liebe und Kunst umarmen nicht, was schön ist, sondern was eben dadurch schön wird.

Karl Kraus

Die Liebe, sie ist des Lebens Tiefstes
und Wahrstes. Jegliches Rätsel der Welt
löst sich einzig in ihr.

Albert Möser

Dem, der wahrhaft liebt, wird alles Liebe.

Honoré de Balzac

Die Liebe trägt die Seele,
wie die Füße den Leib tragen.

Katharina von Siena

Gott ist nahe, wo die Menschen
einander Liebe zeigen.

Johann Heinrich Pestalozzi

Weise sein und lieben kann kein Mensch.

William Shakespeare

Es ist doch keine Lust und Seligkeit,
die übertreffen kann der Liebe Süßigkeit.

Angelus Silesius

Freue dich nicht so sehr, dass du geliebt wirst,
als dass du lieben kannst.

Johann Kaspar Lavater

In der Liebe musst du dreimal geben,
bevor du einmal nehmen darfst.

Aus Brasilien

Man liebt umso weniger, je mehr man urteilt.

Nicolas Sébastien Roch Chamfort

Der liebt nicht, der die Fehler des Geliebten
nicht für Tugenden hält.

Johann Wolfgang von Goethe

Den Augen eines Verliebten
sind selbst Pockennarben Grübchen.

Aus Japan

Kann der Blick nicht überzeugen,
überred't die Lippe nicht.

Franz Grillparzer

Die erste Wirkung der Liebe besteht darin, uns eine große Ehrfurcht einzuflößen.

Blaise Pascal

Wen Liebe nie zu weit getrieben,
den trieb sie auch nie weit genug.

Friedrich von Bodenstedt

Liebe, aber wahrhaft! Und es fallen dir alle anderen Tugenden von selbst zu.

Ludwig Feuerbach

Gedanken, die mir die Schöpfung eröffnen

Wohin du auch gehen magst, immer begegnest du Gott. Gott ist, was vor uns ist.

André Gide

Weder besteht die Natur ohne Gott,
noch Gott ohne Natur. Was nämlich ist die Natur anderes als Gott?

Lucius Annaeus Seneca

Auch die Augen haben ihr täglich Brot:
den Himmel.

Ralph Waldo Emerson

Hebt man den Blick,
so sieht man keine Grenzen.

Aus Japan

Die Elemente hassen das Gebild
der Menschenhand.

Friedrich von Schiller

Was ist die Welt? Das, worin Vergehen waltet.

Buddha

Es ist nicht genug, dass man verstehe,
der Natur Daumenschrauben anzulegen:
Man muss sie auch verstehen können,
wenn sie aussagt.

Arthur Schopenhauer

Wir können die Natur nur dadurch beherrschen,
dass wir uns ihren Gesetzen unterwerfen.

Francis Bacon

Was ist alle gemachte Poesie in einer großen Stadt
gegen die Schönheit eines Kornfeldes?

Peter Rosegger

Wenn ich mich im Zusammenhang
des Universums betrachte, was bin ich?

Ludwig van Beethoven

Was ist der Mensch? Jedenfalls nicht das,
was er sich einbildet zu sein, nämlich die Krone
der Schöpfung.

Wilhelm Raabe

Wenn der Mensch in Massen auftritt,
gibt Gott klein bei.

Romain Rolland

Das schönste Glück des denkenden Menschen ist, das Erforschliche erforscht zu haben und das Unerforschliche ruhig zu verehren.

Johann Wolfgang von Goethe

Die verstehen sehr wenig, die nur das verstehen, was sich erklären lässt.

Marie von Ebner-Eschenbach

Je lauter unsere Welt wird, je tiefer scheint Gott zu schweigen. Schweigen ist die Sprache der Ewigkeit, Lärm geht vorüber.

Gertrud von Le Fort

Alle Wesen, die Bewusstsein haben,
sind geschaffen worden, nach Glück zu streben.

Robert Owen

Das Natürliche ist nicht anstößig.

Euripides

Der Körper ist der Übersetzer der Seele
ins Sichtbare.

Christian Morgenstern

Religion ist Ehrfurcht – die Ehrfurcht vor
dem Geheimnis, das der Mensch ist.

Thomas Mann

Wie kahl und jämmerlich würde manches Stück Erde aussehen, wenn kein Unkraut darauf wüchse!

Wilhelm Raabe

Schönheit ist eines der seltenen Wunder, die unsere Zweifel an Gott verstummen lassen.

Jean Anouilh

Es gibt keine Wunder für den, der sich nicht wundern kann.

Marie von Ebner-Eschenbach

Dass uns der Anblick der Tiere so ergötzt, beruht hauptsächlich darauf, dass es uns freut, unser eigenes Wesen so vereinfacht vor uns zu sehen.

Arthur Schopenhauer

Das Lied des Vogels ist der Echogruß der Erde an das Morgenlicht.

Rabindranath Tagore

Die Zukunft des Menschen ist so unbestimmt wie die des fließenden Wassers.

Aus Japan

Jedes Kind, das zur Welt kommt, predigt sogleich das Evangelium der Liebe.

Karl Gutzkow

Gedanken, die mir die Freundschaft erklären

Freundschaft ist eine Seele in zwei Körpern.

Aristoteles

Freundschaft ist Liebe ohne Flügel.

Aus Frankreich

Freundschaft ist nicht nur ein köstliches Geschenk, sondern auch eine dauernde Aufgabe.

Ernst Zacharias

Der beste Weg, andere an uns zu interessieren,
ist der, an ihnen interessiert zu sein.

Emil Oesch

Wer einen Freund sucht ohne Fehler,
bleibt ohne Freund.

Aus der Türkei

Freundschaft ist die Blüte eines Augenblicks
und die Frucht der Zeit.

August von Kotzebue

Willst du Freunde erwerben? Sei selbst freundlich,
vergiss dich selber.

Dale Carnegie

Vertrauen ist die größte Selbstaufopferung.

Friedrich Hebbel

Zu viel Vertrauen ist häufig eine Dummheit,
zu viel Misstrauen ist immer ein Unglück.

Johann Nestroy

Wenn man den richtigen Menschen findet,
braucht es keiner Worte, um sich auszusprechen.

Horst Wolfram Geißler

Viel ankündigen schwächt das Vertrauen.

Horaz

Schließe Freundschaft mit eines Menschen Güte,
nicht mit seinem Gut!

Aus China

Geh zu deines reichen Freundes Haus,
wenn du gerufen bist! Zu des armen Freundes
Haus geh ungerufen!

Aus Indien

Schließe Freundschaft,
wenn du sie nicht brauchst.

Aus den USA

Ein wahrer Freund trägt mehr zu unserem Glück bei als tausend Feinde zu unserem Unglück.

Marie von Ebner-Eschenbach

Ein Freund ist ein Mensch,
vor dem man laut denken kann.

Ralph Waldo Emerson

Auf der höchsten Stufe der Freundschaft offenbaren wir dem Freunde nicht unsere Fehler, sondern die seinen.

François de La Rochefoucauld

Wer aller Menschen Freund,
der ist der meine nicht.

Jean Baptiste Molière

Jedes Vertrauen ist gefährlich,
das nicht vollständig ist.

Jean de La Bruyère

Die meisten Freundschaften zerbrechen nicht,
sondern verwelken.

Ernst Zacharias

Im Grunde sind es doch die Verbindungen mit
Menschen, welche dem Leben seinen Wert geben.

Wilhelm von Humboldt

Vertrauen wird dadurch erschöpft,
dass es in Anspruch genommen wird.

Bertolt Brecht

Gedanken, die mir zu Trost verhelfen

Wenn etwas gewaltiger ist als das Schicksal, so ist es der Mut, der es unerschütterlich trägt.

Emanuel Geibel

Der Schmerz ist ein heiliger Engel, und durch ihn sind die Menschen größer geworden als durch alle Freuden der Welt.

Adalbert Stifter

Eine Freude kann hundert Sorgen vertreiben.

Aus Japan

Die Wahrheit ist nie trostlos.

Leopold von Ranke

Trost ist das Wissen, dass ein besserer Mensch unglücklicher ist als du.

Ambrose Bierce

Der Mensch rechnet immer das,
was ihm fehlt, dem Schicksal doppelt so hoch
an als das, was er besitzt.

Gottfried Keller

Trösten ist eine Kunst des Herzens.
Sie besteht oft nur darin, liebevoll zu schweigen
und schweigend mit zu leiden.

Otto von Leixner

Trost gibt der Himmel,
von den Menschen erwartet man Beistand.

Ludwig Börne

Der Schmerz macht, dass wir die Freude fühlen,
so wie das Böse macht, dass wir das Gute erkennen.

Ewald von Kleist

Auch aus Steinen, die in den Weg gelegt werden,
kann man Schönes bauen.

Johann Wolfgang von Goethe

Hebe deine Augen auf,
und du wirst die Sterne sehen.

Von den Philippinen

Es ist besser, sein Kreuz zu tragen
als zu schleppen.

Aus der Bretagne

Der betrauert die Toten,
der nach ihrem Wunsche lebt.

Edward Young

Sobald du dir vertraust, sobald weißt du zu leben.

Johann Wolfgang von Goethe

Was die Schickung schickt, ertrage!
Wer ausharret, wird gekrönt.

Johann Gottfried Herder

Wenn man das Dasein als eine Aufgabe betrachtet, dann vermag man es immer zu ertragen.

Marie von Ebner-Eschenbach

Tröste den Trauernden nicht,
solange noch sein Toter vor ihm liegt!

Aus dem Talmud

Hoffnung ist der Anker der Welt

Bantu-Weisheit

Wir hoffen immer, und in allen Dingen
ist besser hoffen als verzweifeln.

Johann Wolfgang von Goethe

Nenne dich nicht arm, weil deine Träume nicht in Erfüllung gegangen sind; wirklich arm ist nur, der nie geträumt hat.

Marie von Ebner-Eschenbach

Wir sollten die Liebe, welche wir den Toten mit ins Grab geben, nicht den Lebenden entziehen.

Wilhelm Raabe

Unglück wird häufig noch bitterer,
wenn es ein anderer schonend „Pech“ nennt.

Sigmund Graff

Unglück auf dem Weg zu Tal ist Pech,
Unglück auf dem Weg zur Höhe ist Schicksal.

Waldemar Bonsels

Gedanken, die mir die Menschen ausdeuten

Menschenliebe ist das Wesen der Sittlichkeit,
Menschenkenntnis das Wesen der Weisheit.

Konfuzius

Nimm aus dem Leben der Menschen die Liebe,
dann hast du der Welt ihre Sonne entrissen.

Ambrosius

Wer allzu klug ist, findet keine Freunde.

Aus Japan

Wer nicht den Verstand seines Alters hat, der hat das ganze Unglück seines Alters.

Voltaire

Wer über gewisse Dinge den Verstand nicht verliert, der hat keinen zu verlieren.

Gotthold Ephraim Lessing

Lust und Liebe sind die Fittiche zu großen Taten.

Johann Wolfgang von Goethe

Des Menschen Engel ist die Zeit.

Friedrich von Schiller

Tugend ist die Mitte von zwei Lastern:
dem Zuviel und dem Zuwenig.

Aristoteles

Was der Mensch sei,
sagt ihm nur die Geschichte.

Wilhelm Dilthey

Willst du den Charakter eines Menschen erkennen, so gib ihm Macht!

Abraham Lincoln

Die meisten unserer Fehler erkennen und legen wir erst dann ab, wenn wir sie an anderen erkannt haben.

Karl Gutzkow

Am besten erkennt man den Charakter eines Menschen bei Geldangelegenheiten, beim Trinken und im Zorn.

Aus dem Talmud

Der Mensch ist eine Sonne.
Seine Sinne sind seine Planeten.

Novalis

Vieles kann der Mensch entbehren,
nur den Menschen nicht.

Ludwig Börne

Man muss sich nie zu dem gesellen,
durch den man in den Schatten gestellt wird.

Baltasar Gracián

Wer allem alles traut,
dem kann man wenig trauen.

Gotthold Ephraim Lessing

Lebenskunst besteht zu neunzig Prozent
aus der Fähigkeit, mit Menschen auszukommen,
die man nicht leiden kann.

Samuel Goldwyn

Die Herrschaft über den Augenblick
ist die Herrschaft über das Leben.

Marie von Ebner-Eschenbach

Von hundert, die von „Menge“ und „Herde“
reden, gehören neunundneunzig selbst dazu.

Christian Morgenstern

Die Erinnerung ist das einzige Paradies,
aus dem wir nicht vertrieben werden können.

Jean Paul

Viele Menschen versäumen das kleine Glück,
während sie auf das große vergeblich warten.

Pearl S. Buck

Der Unterschied zwischen Freiheit und Freiheiten
ist so groß wie zwischen Gott und Göttern.

Ludwig Börne

Oft glänzt im zweiten Rang,
wer ganz erlischt im ersten.

Voltaire

Es gibt Menschen, die Fische fangen,
und solche, die nur das Wasser trüben.

Aus China

Lebe, wie du, wenn du stirbst, wünschen wirst,
gelebt zu haben.

Christian Fürchtegott Gellert

Gedanken, die mir die Zweifel nehmen

Wer recht erkennen will, muss zuvor in richtiger Weise gezweifelt haben.

Aristoteles

Das ist der ganze Jammer:
Die Dummen sind so sicher
und die Gescheiten so voller Zweifel.

Bertrand Russell

Die Sinne trügen nicht, das Urteil trügt.

Johann Wolfgang von Goethe

Zweifel ist der Weisheit Anfang.

René Descartes

Jeder Mensch kann irren. Im Irrtum verharren wird jedoch nur der Tor.

Marcus Tullius Cicero

Das einzige Mittel, den Irrtum zu vermeiden, ist die Unwissenheit.

Jean-Jacques Rousseau

Glaube nicht dem, der von weither kommt,
sondern dem, der von dort zurückkehrt!

Aus Spanien

An nichts muss man mehr zweifeln als an Sätzen,
die zur Mode geworden sind.

Georg Christoph Lichtenberg

Die zur Wahrheit wandern, wandern allein.

Christian Morgenstern

Die Wahrheit sinkt mitunter nieder,
aber verliert doch nie den Atem.

Aus Island

Ungerechter Frieden ist besser als gerechter Krieg.

Michelangelo Buonarroti

Geschieht nicht, was du willst,
dann wolle, was geschieht.

Aus Arabien

Wer niemals außer sich geriet,
wird niemals gründlich in sich gehen.

Paul Heyse

Wer gar zu viel bedenkt, wird wenig leisten.

Friedrich von Schiller

Im Notwendigen Einheit, im Zweifel Freiheit, in allem Liebe.

Römische Weisheit

Der Mensch hat freien Willen – das heißt, er kann einwilligen ins Notwendige.

Friedrich Hebbel

Dann besonders zieh dich in dich selbst zurück, wenn du gezwungen bist, unter der Menge zu leben.

Epikur

Wer sein Herz dem Ehrgeiz öffnet,
verschließt es der Ruhe.

Aus China

Ein großer Geist irrt sich so gut wie ein kleiner;
jener, weil er keine Schranken kennt, und dieser,
weil er seinen Horizont für die Welt nimmt.

Johann Wolfgang von Goethe

Die Menschen, die sich rühmen,
ihre Ansicht niemals zu wechseln, sind Toren,
die an ihre Unfehlbarkeit glauben.

Honoré de Balzac

Gedanken, die mir Geduld verleihen

Geduld ist die Kunst zu hoffen.

Marquis de Vauvenargues

Wer seinen Willen durchsetzen will,
muss leise sprechen.

Jean Giraudoux

Geduld ist ein Baum, dessen Wurzel bitter,
dessen Frucht aber sehr süß ist.

Aus Persien

Die Leute, die niemals Zeit haben,
tun am wenigsten.

Georg Christoph Lichtenberg

Es ist nicht wenig Zeit, was wir haben,
sondern es ist viel, was wir nicht nützen.

Lucius Annaeus Seneca

Man verliert die meiste Zeit damit,
dass man Zeit gewinnen will.

John Steinbeck

Lege das Ruder erst dann nieder,
wenn das Boot an Land ist!

Aus Gabun

Für die Freundschaft von zweien
ist die Geduld von einem nötig.

Aus Indien

Wer am besten dulden kann,
der kann am besten handeln.

Samuel Smiles

Die größte Nachsicht mit einem Menschen
entspringt aus der Verzweiflung an ihm.

Marie von Ebner-Eschenbach

Duldsame Menschen sind die ungeduldigsten und geduldige die unduldsamsten.

Ludwig Börne

Wunschlosigkeit führt zu innerer Ruhe.

Laotse

Ein Augenblick der Geduld kann vor großem Unheil bewahren, ein Augenblick der Ungeduld ein ganzes Leben zerstören.

Aus China

Ruhm und Ruhe sind Dinge, die nicht zusammen wohnen können.

Georg Christoph Lichtenberg

Wenn man die Ruhe nicht in sich selber findet, ist es umsonst, sie anderswo zu suchen.

François de La Rochefoucauld

Der Natur liegt nur unser Dasein am Herzen. Ums Wohlsein muss man sich selber kümmern.

Arthur Schopenhauer

Wem genug zu wenig ist, dem ist nichts genug.

Epikur

Wer das Unmögliche sucht, dem geschieht nur recht, wenn das Mögliche versagt wird.

Miguel de Cervantes

Denke nicht so oft an das, was dir fehlt, sondern an das, was du hast.

Mark Aurel

Gedanken, die mich im Glauben bestärken

Glaube ist Liebe zum Unsichtbaren,
Vertrauen aufs Unmögliche, Unwahrscheinliche.

Johann Wolfgang von Goethe

Die Macht des Gebetes liegt in der Ruhe,
die nach ihm auf unser Inneres sich breitet.

Karl Gutzkow

Gott geht zu dem, der zu ihm kommt.

Aus Russland

Milde ist wertvoller als Gerechtigkeit.

Marquis de Vauvenargues

Der rechte Unglaube bezieht sich auf keine einzelnen Sätze und Gegensätze, sondern auf die Erblindung gegen das Ganze.

Jean Paul

Die Offenbarung Gottes zeigt uns mehr, was er nicht ist, als was er ist.

Thomas von Aquin

Wenn der Mensch Gott verstoßen hat,
so beugt er sich vor einem Götzen.

Feodor Michailowitsch Dostojewski

Gäbe es keinen Gott, so müsste man ihn erfinden.

Voltaire

Die Bibel ist älter als die Kirche.

Aus Schweden

Kein Zwang sei in der Religion! Das Rechte ist ja deutlich genug unterschieden vom Falschen.

Aus dem Koran

Besser kennt Gott,
wer ihn nicht zu kennen bekennt.

Augustinus

Man kann den höchsten Gott
mit allen Namen nennen, man kann ihm
wiederum nicht einen zuerkennen.

Angelus Silesius

Glauben und Wissen verhalten sich wie
die zwei Schalen einer Waage: In dem Maße,
als die eine steigt, sinkt die andere.

Arthur Schopenhauer

Für den Hund ist Gott der Bissen,
der zu Boden gefallen ist.

Bantu-Weisheit

Der Ungläubige täuscht sich über das jenseitige,
der Gläubige über das diesseitige Leben.

Antoine Rivarol

Das Gewissen des Menschen
ist das Denken Gottes.

Victor Hugo

Alles, was gegen das Gewissen geschieht,
ist Sünde.

Thomas von Aquin

Wir haben gerade Religion genug, um einander zu hassen, aber nicht genug, um einander zu lieben.

Jonathan Swift

Haben wir Gutes empfangen von Gott
und sollten das Böse nicht auch annehmen?

Aus dem Buch Hiob

Wer den Lohn nimmt, dem rechnet Gott
auch die Tat an.

Aus Ägypten

Die Missachtung der Religion führt zur
Missachtung der menschlichen Pflichten.

Jean-Jacques Rousseau

Gedanken, die mich zu Achtung auffordern

Glück entsteht oft durch Aufmerksamkeit in kleinen Dingen, Unglück oft durch Vernachlässigung kleiner Dinge.

Aus China

Toleranz ist das unbehagliche Gefühl, der andere könne am Ende vielleicht doch Recht haben.

Robert Frost

Wer die anderen neben sich klein macht,
ist nie groß.

Johann Gottfried Seume

Wer sich nicht zu viel dünkt, ist viel mehr,
als er glaubt.

Johann Wolfgang von Goethe

Wer schlecht von seiner Frau spricht,
entehrt sich selbst.

Aus Schottland

Die Liebe ist einäugig. Der Hass ist blind.

Aus Dänemark

Selbstvertrauen
ist die Quelle des Vertrauens zu anderen.

François de La Rochefaucould

Wer immer das letzte Wort haben will,
spricht bald mit sich allein.

Aus der Bretagne

Der Siege göttlichster ist das Vergeben.

Friedrich von Schiller

Ein friedfertiger Mensch ist mehr nütze
als ein gelehrter.

Thomas a Kempis

Es ist schon Intoleranz, von Toleranz zu sprechen.

Gabriel Graf von Mirabeau

Wir dienen deshalb den Gesetzen,
damit wir frei sein können.

Marcus Tullius Cicero

Wer mit dem Leben spielt, kommt nie zurecht.

Johann Wolfgang von Goethe

Stimmen wollen gewogen und nicht gezählt sein.

Moses Mendelssohn

Was dem Schwarm nicht nützt,
das nützt auch der einzelnen Biene nicht.

Mark Aurel

Wer besitzt, der lerne verlieren,
wer im Glück ist, der lerne den Schmerz.

Friedrich von Schiller

Das Überflüssige ist ein höchst notwendiges Ding.

Voltaire

Die Freuden, die man übertreibt,
verwandeln sich in Schmerzen.

Friedrich Justin Bertuch

Greise glauben alles. Männer bezweifeln alles.
Junge wissen alles.

Oscar Wilde

Jede Generation lächelt über die Väter,
lacht über die Großväter
und bewundert die Urgroßväter.

Somerset Maugham

Toleranz sollte eigentlich nur eine
vorübergehende Gesinnung sein:
Sie muss zur Anerkennung führen.
Dulden heißt beleidigen.

Johann Wolfgang von Goethe

Gedanken, die meine Seele erfrischen

Die Wunschlosigkeit glücklicher Menschen kommt von der Windstille der Seele, die ihnen das Glück geschenkt hat.

François de La Rochefoucauld

Ein glückseliges Leben
ist der Genuss der Gegenwart;
das ewige Leben
ist die Hoffnung der Zukunft.

Hermann Ambrosius

Dem Friedliebenden gewährt man gern den Frieden.

Friedrich von Schiller

Wenn Heiraten Frieden stiften können, so sollte man den Großen die Vielweiberei erlauben.

Georg Christoph Lichtenberg

Es ist unglaublich, wie viel Kraft die Seele dem Körper zu verleihen mag.

Wilhelm von Humboldt

Das Glück deines Lebens hängt von der Beschaffenheit deiner Gedanken ab.

Mark Aurel

Die großen Freuden blühen
aus der Betrachtung der schönen Werke.

Demokrit

Wahre Schönheit erfasst uns schneller,
als wir sie erfassen.

Jüdische Weisheit

Schönheit beglückt nicht den, der sie besitzt,
sondern den, der sie lieben und anbeten kann.

Hermann Hesse

Späte Freuden sind die schönsten;
sie stehen zwischen entschwundener Sehnsucht
und kommendem Frieden.

Marie von Ebner-Eschenbach

Ich habe begonnen, mir selbst eine Freude zu sein. Damit ist schon viel gewonnen, denn man kann nie mehr einsam sein.

Lucius Annaeus Seneca

Verstand und Witz kann leicht ergötzen,
doch fesseln kann allein das Herz.

Wilhelm Hey

Ein Optimist ist ein Mensch, der alles halb so schlimm oder doppelt so gut findet.

Heinz Rühmann

Für den Optimisten ist das Leben kein Problem, sondern bereits die Lösung.

Marcel Pagnol

Der Optimismus ist die Harmonie zwischen dem Geiste des Menschen und dem verheißenden Geiste Gottes.

Helen Keller

Frohes Gemüt kann Schnee in Feuer verwandeln.

Aus Spanien

Nur das fröhliche Herz allein ist fähig, Wohlgefallen am Guten zu empfinden.

Immanuel Kant

Das Herz hat seine Gründe, die der Verstand nicht kennt.

Blaise Pascal

In seinem Lachen liegt der Schlüssel, mit dem wir den ganzen Menschen entziffern.

Thomas Carlyle

Glücklich ist nicht, wer andern so vorkommt, sondern wer sich selbst dafür hält.

Lucius Annaeus Seneca

Wer glücklich ist, kann glücklich machen. Wer's tut, vermehrt sein eigenes Glück.

Johann Wilhelm Ludwig Gleim

Menschen zu finden, die mit uns fühlen und empfinden, ist wohl das schönste Glück auf Erden.

Carl Spitteler

Autorenverzeichnis